300 Vocabulary
Picture Flashcards

English - Polish

# granddaughter

wnuczka

# grandmother

babcia

# grandson

wnuk

# mother

matka

# nephew

bratanek

# niece

siostrzenica

# sister

siostra

# son

syn

# stepdaughter

pasierbica

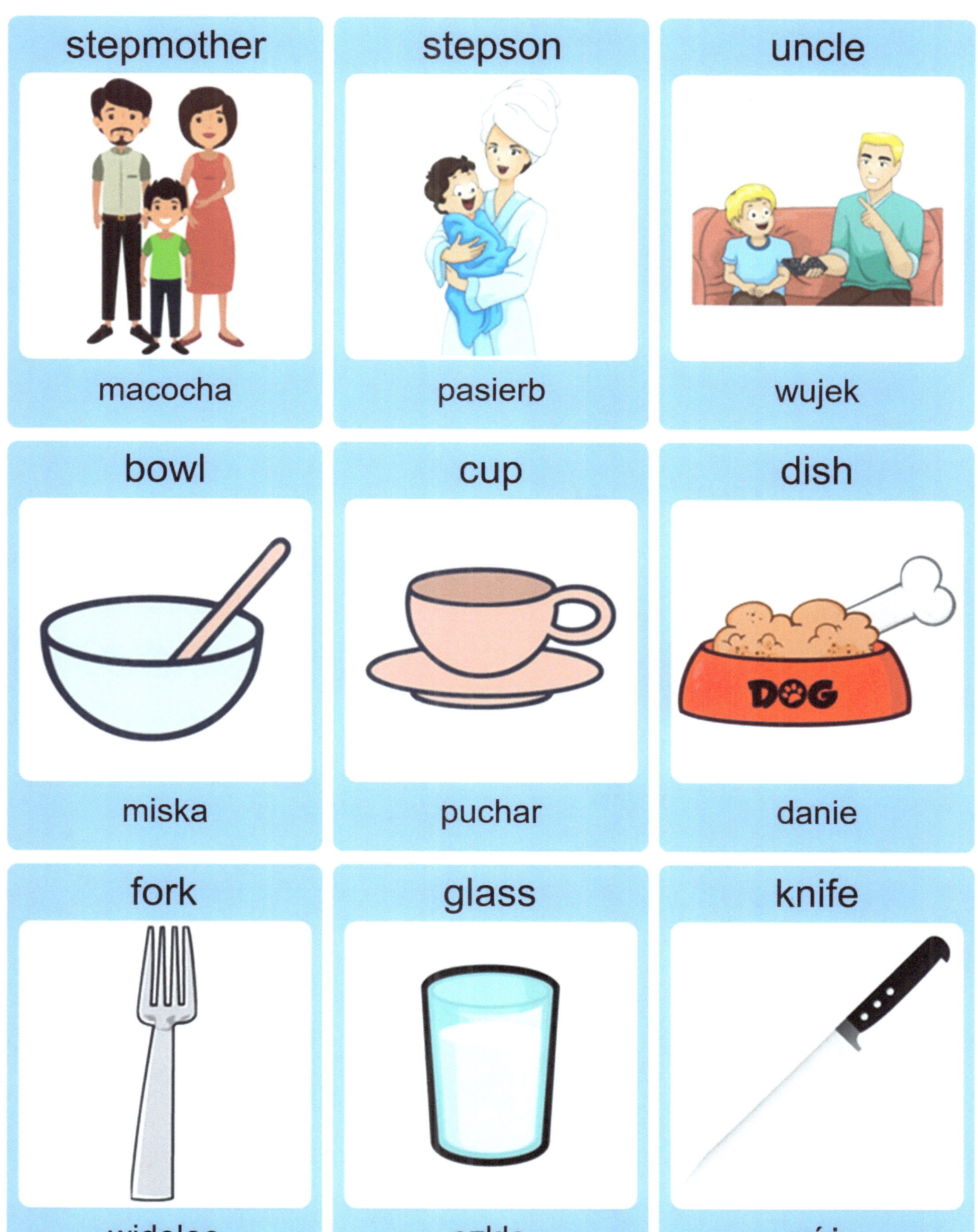


stepmother
macocha
stepson
pasierb
uncle
wujek
bowl
miska
cup
puchar
dish
danie
fork
widelec
glass
szkło
knife
nóż

# múg

kubek

# napkin

serwetka

# pepper

pieprz

# pitcher

dzban

# plate

talerz

# salad

sałatka

# salt

sól

# saucer

spodek

# spoon

łyżka

sugar
cukier

Sunday
niedziela

Monday
poniedziałek

Tuesday
wtorek

Wednesday
środa

Thursday
czwartek

Friday
piątek

Saturday
sobota

bake
piec

boil
gotować

broil
burda

can opener
otwieracz do puszek

fry
smażyć

grill
grill

measuring cup
miarka

measuring spoon
miarka

microwave
kuchenka

mixing bowl
misa miksująca

| paper towels | poach | potholder |
| --- | --- | --- |
| ręczniki papierowe | jajko w koszulce | uchwyt na garnek |
| roast | rolling pin | scramble |
| pieczeń | wałek do ciasta | wdrapywać się |
| simmer | knife | spoon |
| dusić | nóż | łyżka |

spatula
szpachelka

steam
parowy

strainer
filtr

timer
regulator czasowy

fork
widelec

toaster
opiekacz

kettle
czajnik

refrigerator
lodówka

blender
mikser

| | | |
|---|---|---|
| cabinet | cupboard | microwave |
|  |  |  |
| szafki | kredens | kuchenka |
| back | cheeks | chest |
|  |  | 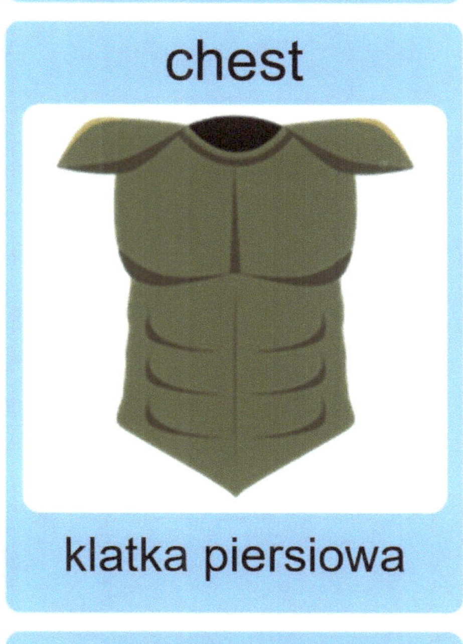 |
| plecy | policzki | klatka piersiowa |
| chin | ears | eyebrows |
|  | 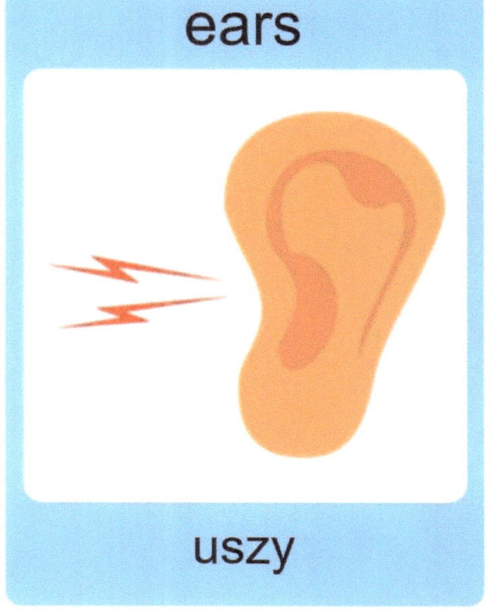 |  |
| broda | uszy | brwi |

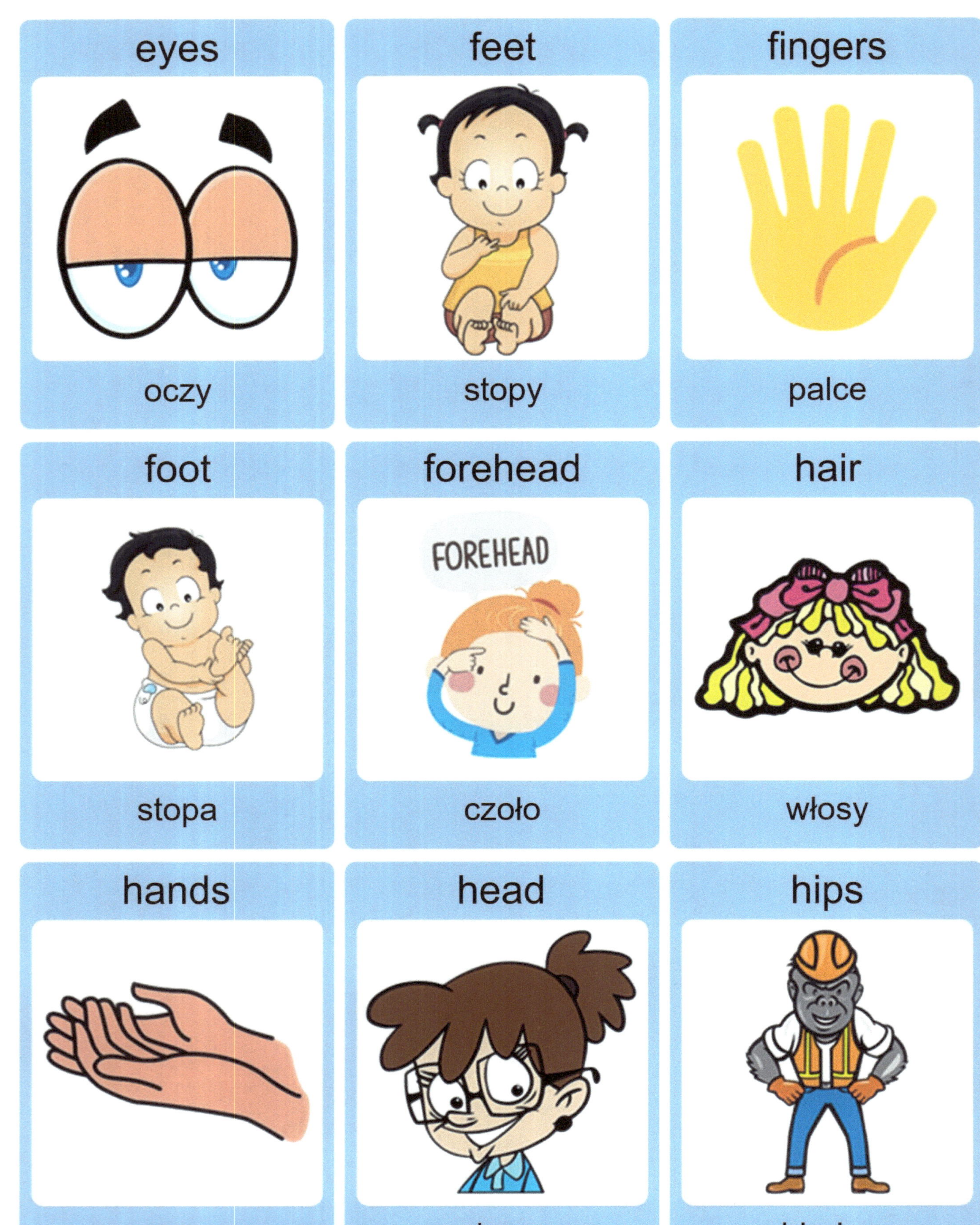

eyes
oczy
feet
stopy
fingers
palce
foot
stopa
forehead
FOREHEAD
czoło
hair
włosy
hands
ręce
head
głowa
hips
biodra

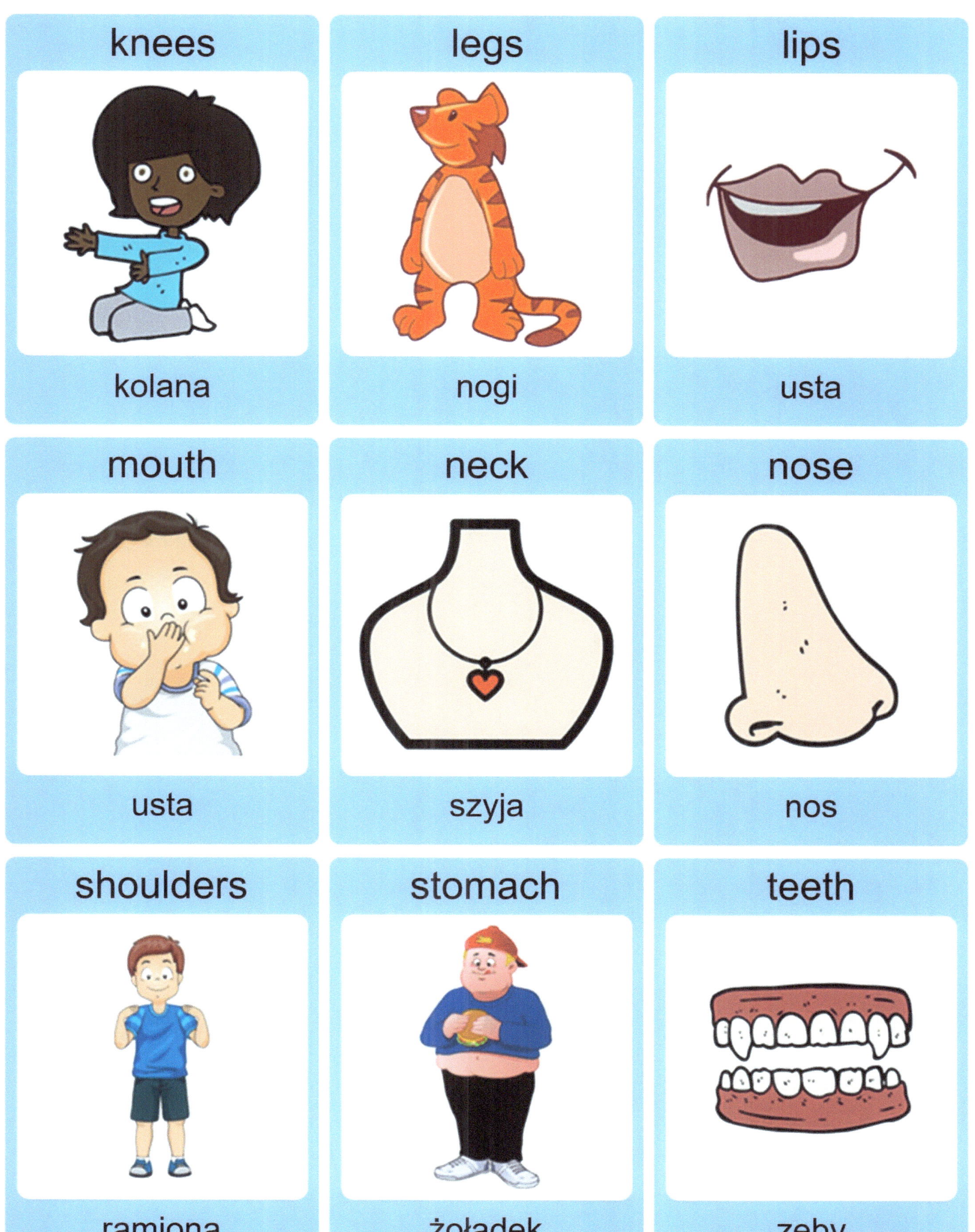


knees
kolana

legs
nogi

lips
usta

mouth
usta

neck
szyja

nose
nos

shoulders
ramiona

stomach
żołądek

teeth
zęby

| throat | toes | tongue |
|---|---|---|
|  | 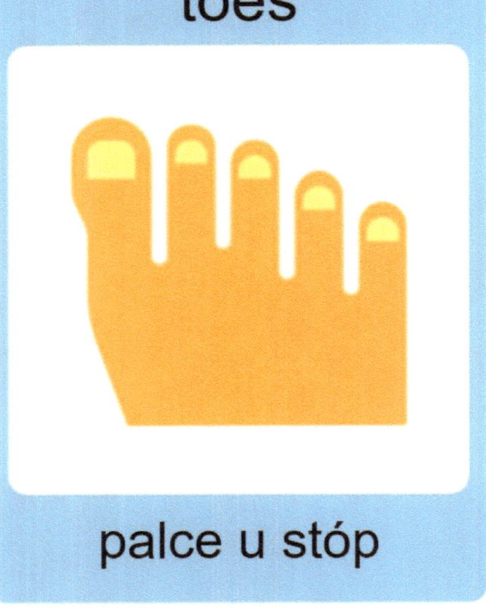 | 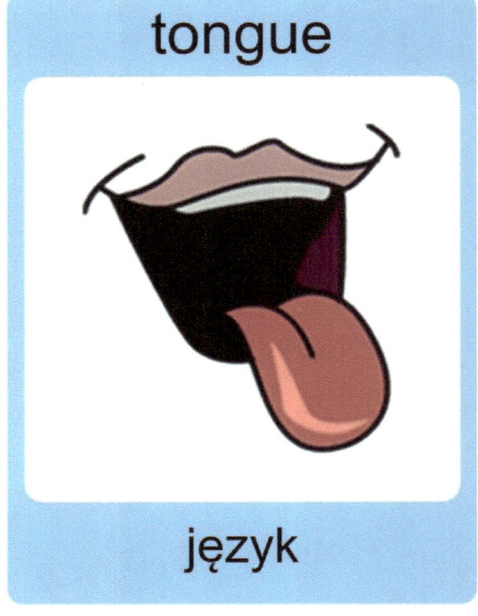 |
| gardło | palce u stóp | język |
| tooth | waist | overalls |
| 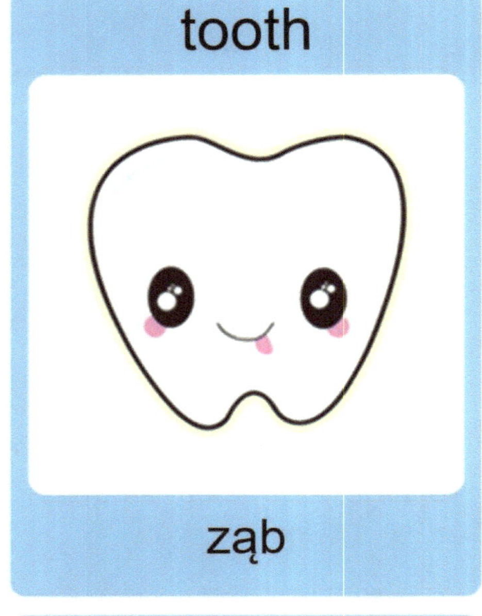 |  |  |
| ząb | talia | kombinezon |
| mittens | beanie | apron |
|  |  |  |
| rękawice | czapka bez daszka | fartuch |

doll
lalka
rattle
grzechotki
toy
zabawka
diaper
pielucha
bassinet
kołyska pleciona
bib
śliniaczek
octagon
ośmiokąt
triangle
trójkąt
square
Square
plac

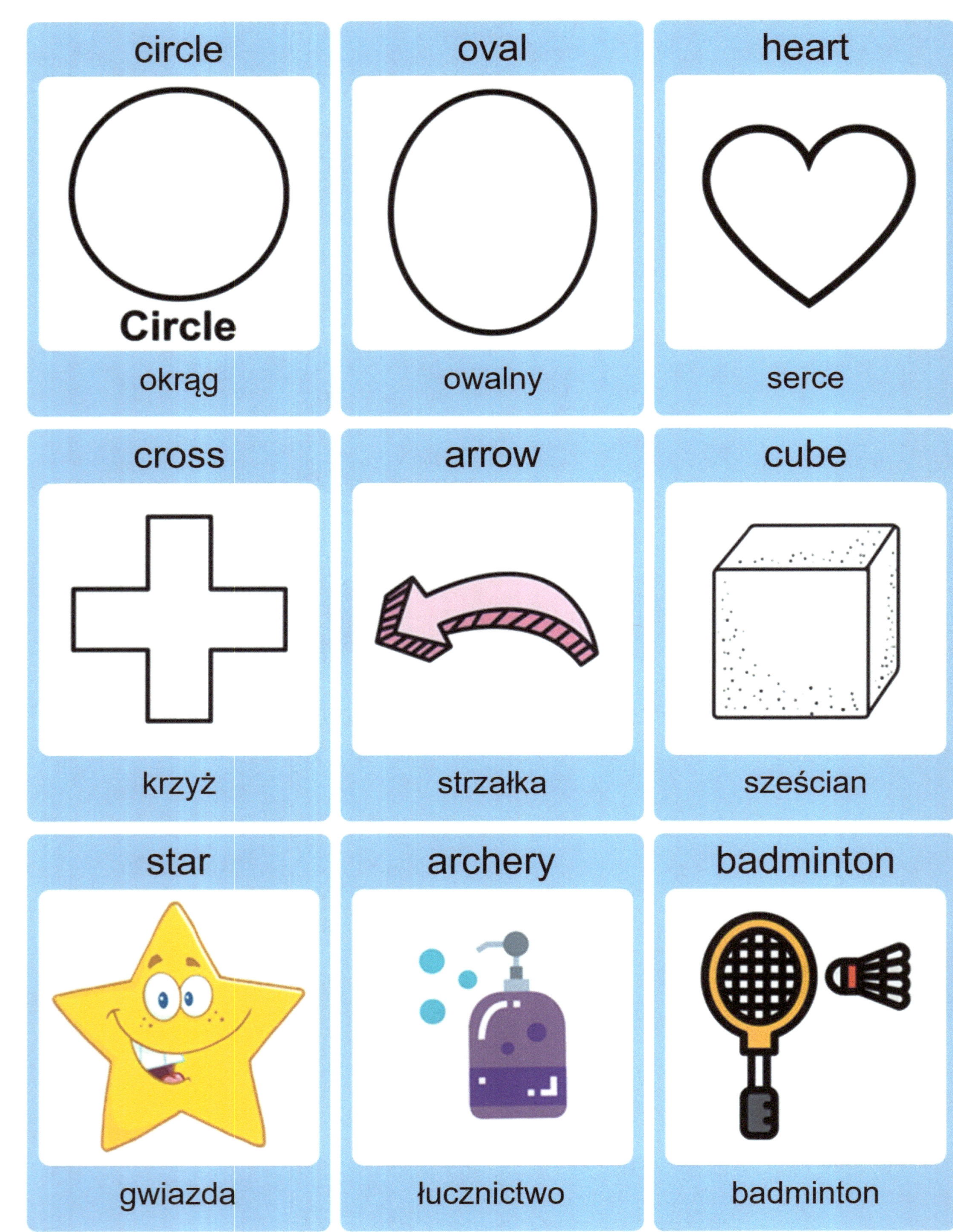
circle
Circle
okrąg
oval
owalny
heart
serce
cross
krzyż
arrow
strzałka
cube
sześcian
star
gwiazda
archery
łucznictwo
badminton
badminton

# cricket

krykiet

# bowling

kręgle

# boxing

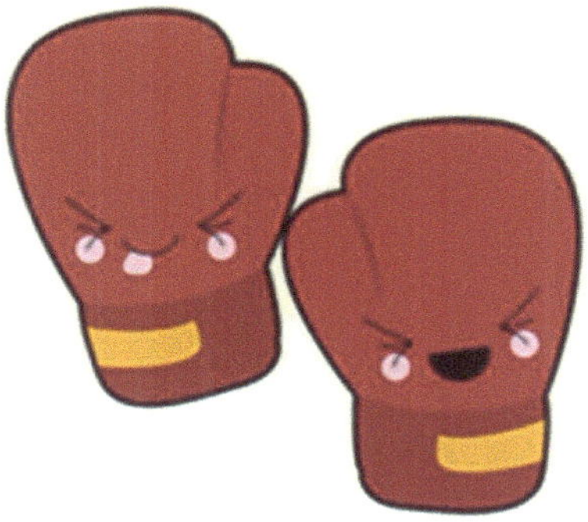

boks

# tennis

tenis ziemny

# skateboarding

jazda na deskorolce

# surfing

deska surfingowa

# hockey

hokej

# yoga

joga

# fencing

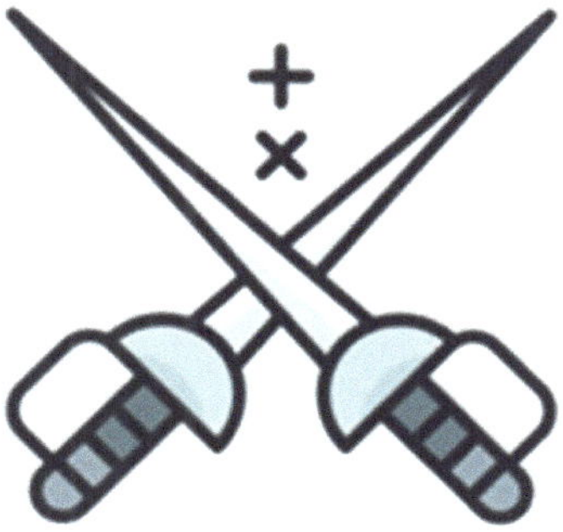

szermierka

| fitness | gymnastics | karate |
| --- | --- | --- |
|  |  |  |
| zdatność | gimnastyka | karate |
| volleyball | weightlifting | basketball |
|  |  |  |
| siatkówka | podnoszenie | koszykówka |
| baseball | rugby | wrestling |
|  | 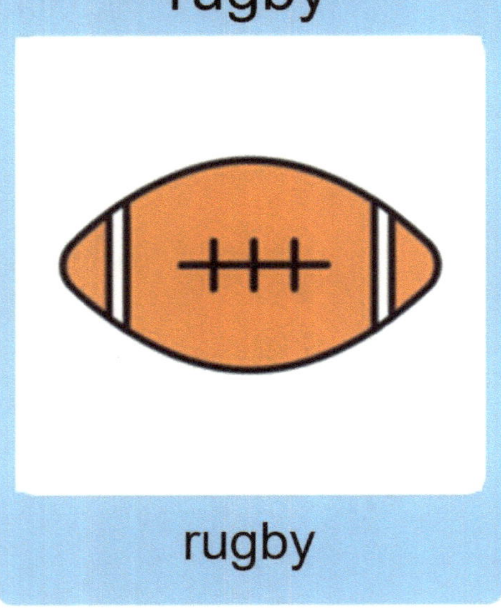 |  |
| baseball | rugby | zapasy |

# car racing

samochód

# cycling

jazda rowerem

# running

bieganie

# table tennis

tenis stołowy

# fishing

wędkarstwo

# judo

dżudo

# climbing

wspinaczka

# shooting

strzelanie

# golf

golf

ride
jazda
sit down
usiądź
stand up
wstań
fight
walka
laugh
śmiech
read
czytać
play
grać
listen
słuchać
cry
płakać

| think | sing | watch tv |
|---|---|---|
|  |  |  |
| myśleć | śpiewać | oglądać telewizję |

| dance | turn on | turn off |
|---|---|---|
|  |  |  |
| taniec | włączyć | wyłączyć |

| win | fly | cut |
|---|---|---|
|  |  |  |
| zdobyć | latać | skaleczenie |

| throw away | sleep | close |
| --- | --- | --- |
|  |  |  |
| wyrzucić | spać | blisko |

| open | write | give |
| --- | --- | --- |
|  |  |  |
| otwarty | pisać | dać |

| jump | eat | drink |
| --- | --- | --- |
|  |  |  |
| skok | jeść | drink |

| cook | wash | wait |
|------|------|------|
|  |  |  |
| gotować | myć się | czekać |

| climb | talk | crawl |
|-------|------|-------|
|  |  |  |
| wspinać się | rozmowa | czołgać się |

| dream | dig | clap |
|-------|-----|------|
|  |  |  |
| śnić | kopać | klaskać |

| knit | sew | smell |
|------|-----|-------|
| robić na drutach | szyć | zapach |
| kiss | hug | snore |
| pocałunek | przytulić | chrapać |
| bathe | bow | paint |
| kąpać się | kłaniając się | farba |

# dive

nurkować

# ski

narty

# stack

stos

# buy

kup

# shake

potrząsnąć

# programmer

programista

# veterinarian

lekarz weterynarii

# street vendor

uliczny sprzedawca

# miner

górnik

# teacher

nauczyciel

# bellboy

goniec hotelowy

# speaker

głośnik

# butcher

rzeźnik

# pharmacist

farmaceuta

# receptionist

recepcjonista

# politician

polityk

# tour guide

przewodnik

# entrepreneur

przedsiębiorca

# ballet dancer

tancerz baletowy

# astronaut

astronauta

# judge

sędzia

# lawyer

prawnik

# cashier

kasjer

# taxi driver

kierowca taksówki

# plumber

hydraulik

# musician

muzyk

# chef

szef kuchni

# baker

piekarz

# artist

artysta

# actor

aktor

# bartender

barman

# hairdresser

fryzjer

# bishop

biskupi

# optician

optyk

# florist

kwiaciarz

# writer

pisarz

accountant
księgowy

wine
wino

coffee
kawa

lemonade
lemoniada

hot chocolate
gorąca czekolada

milkshake
napój mleczny

water
woda

tea
herbata

milk
mleko

| beer | soda | smoothie |
| --- | --- | --- |
|  |  |  |
| piwo | soda | koktajl |
| milkshake | coconut milk | orange juice |
|  |  |  |
| napój mleczny | mleko kokosowe | sok pomarańczowy |
| cocoa | cheese | egg |
|  |  |  |
| kakao | ser | jajko |

butter
masło
margarine
margaryna
yogurt
jogurt
cottage cheese
twarożek
ice cream
lody
cream
krem
sandwich
kanapka
sausage
kiełbasa
hamburger
hamburger

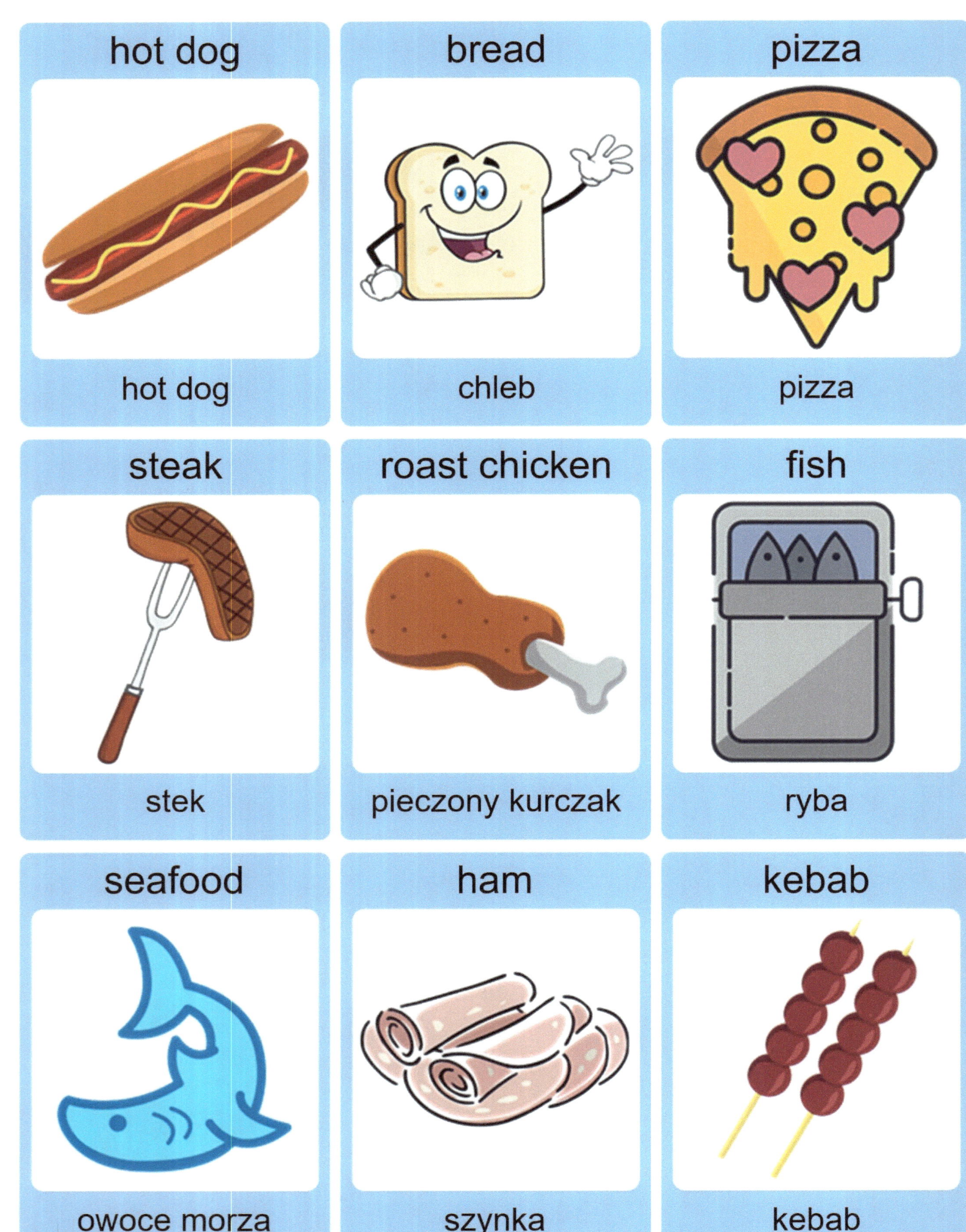


hot dog
hot dog
bread
chleb
pizza
pizza
steak
stek
roast chicken
pieczony kurczak
fish
ryba
seafood
owoce morza
ham
szynka
kebab
kebab

bacon
boczek
sour cream
kwaśna śmietana
cow
krowa
rabbit
królik
duck
kaczka
shrimp
krewetka
pig
świnia
bee
pszczoła
goat
koza

crab
krab
deer
jeleń
turkey
indyk
dove
gołąb
sheep
owca
fish
ryba
chicken
kurczak
horse
koń
wing chair
krzesło

tv stand
stojak tv

sofa
sofa

cushion
poduszki

telephone
telefon

television
telewizja

speaker
głośniki

end table
stolik

tea set
zestaw do herbaty

fireplace
kominek

remote
piloty

fan
wiatrak elektryczny

floor lamp
lampa podłogowa

carpet
wykładzina

table
biurka

blinds
żaluzje

curtains
zasłony

picture
obrazek

vase
wazon

| clock | pillow | hat stand |
| --- | --- | --- |
|  |  |  |
| zegar | poduszka | wieszak na kapelusz |
| dressing table | table lamp | mirror |
|  |  |  |
| toaletka | lampa stołowa | lustro |
| ironing board | hope chest | night table |
|  |  |  |
| deska do prasowania | pudełko z szufladą | stolik nocny |

bed

łóżko

air-conditioner

klimatyzator

jug

dzbanek

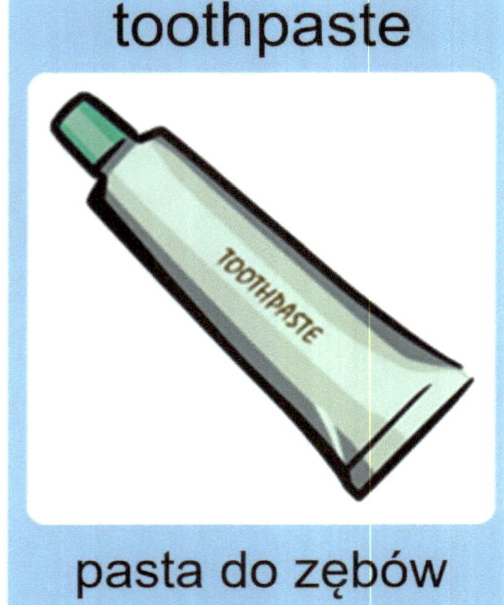

toothpaste

pasta do zębów

toothbrush

szczoteczka do

soap

mydło

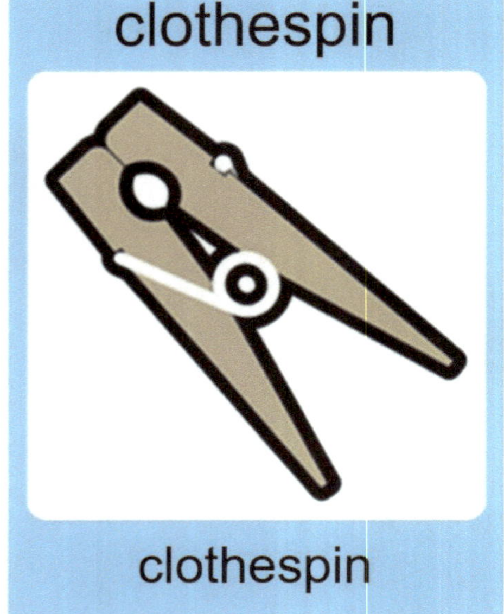

clothespin

clothespin

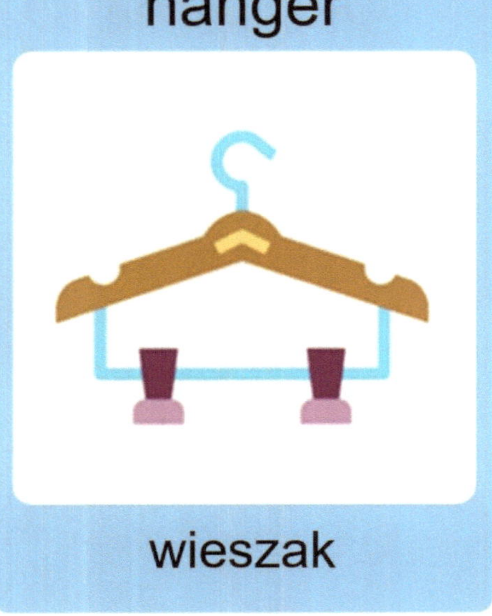

hanger

wieszak

hair dryer

suszarka do włosów

shampoo
szampon
bubble
bańka
brush
szczotka
toilet paper
papier toaletowy
towel
ręcznik
clothesline
sznur na bieliznę
shower
prysznic
bathtub
wanna
laundry detergent
proszek do prania

# bucket

wiadro

# mops

mopy

# liquid soap

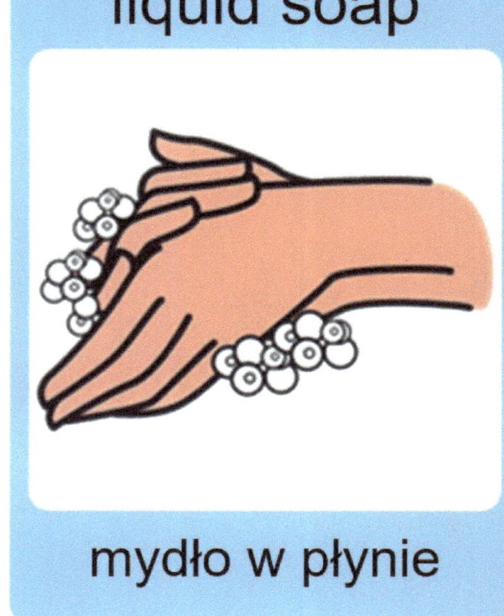

mydło w płynie

# washing powder

proszek do prania

# trash bag

worek na śmieci

# trash can

kosz na śmieci

# sinks

umywalki

# toilet bowl

muszla klozetowa

# washing machine

pralka

# laundry basket

kosz na pranie

# razor

brzytwa

# electric razor

maszynka

# shaving cream

krem do golenia

# mouthwash

płyn do płukania

# cotton bud

wacik

# hair brush

szczotka do włosów

# comb

grzebień

# cleanser

cleanser